José Zorrilla

El puñal
del godo

Barcelona 2024
Linkgua-ediciones.com

Créditos

Título original: El puñal del godo.

© 2024, Red ediciones S.L.

e-mail: info@linkgua.com

Diseño de cubierta: Michel Mallard.

ISBN rústica: 978-84-9816-744-3.
ISBN ebook: 978-84-9897-892-6.

Sumario

Brevísima presentación

La vida

José Zorrilla (Valladolid, 1817-Madrid, 1893). España.

Tras estudiar en el Seminario de Nobles de Madrid, fue a las universidades de Toledo y Valladolid a estudiar leyes. Poco después abandonó los estudios y se fue a Madrid. Las penurias económicas le hicieron a vender a perpetuidad los derechos de Don Juan Tenorio (1844), la más célebre de sus obras. En 1846 viajó a París y conoció a Alejandro Dumas, padre, George Sand y Teophile Gautier que influyeron en su obra. Tras una breve estancia en Madrid, regresó a Francia y de ahí, en 1855, marchó a México donde el emperador Maximiliano lo nombró director del teatro Nacional. Publicó un libro de memorias a su regreso a España.

En sus *Recuerdos del tiempo viejo* Zorrilla afirma que escribió *El puñal del godo* en veinticuatro horas, tras una apuesta.

Estrenada el 7 de marzo de 1843, la obra relata la historia de un eremita, a quien se le revela la futura muerte del rey Rodrigo a manos del Conde don Julián, quien se ha aliado con los árabes para facilitarles la conquista de España. Theudia, un siervo del rey, mata al Conde, muestra lo falso de los augurios y anima a Rodrigo a recuperar su trono.

La obra mitifica la derrota del rey Rodrigo en Guadalete, antesala de la penetración del Islam en la península ibérica.

Aprobado para su representación por la Junta de Censura de los Teatros del Reino en 30 de Junio de 1849

La escena pasa en la soledad de Pederneira, monte de San Miguel, cerca de la ciudad de Viseo, en Portugal, la noche del día 9 de septiembre de 719.

A mi buen amigo don Tomás Rodríguez Rubí

A ti, que sabes de la historia y origen de este juguete, y el escaso tiempo que se me dio para escribirle, te le dedico ahora que le doy a luz; porque, escudado con tu nombre, serán acaso mejor disimulados los muchos defectos inherentes a una obra escrita por apuesta en determinado número de horas.

No atiendas, pues, a su poco valor, sino al buen recuerdo que con ella te consagra tu amigo

José Zorrilla

Madrid, 20 de diciembre de 1842.

Personajes

Don Rodrigo
El Monje Romano
Florinda
Theudia

Acto único

Interior de la cabaña o ermita del monje romano, sostenida en su centro por un pilar de madera o tronco de árbol, a cuyo pie hay dos asientos. A la derecha una pequeña hoguera, colocada bajo un respiradero que da salida al humo. Asientos groseros por la escena. Puerta a la izquierda que da a otra habitación que se supone en la cabaña. Puerta en el fondo, abierta la cual se verá monte al resplandor de los relámpagos. Al levantarse el telón se ve su claridad por las junturas, y se oye tronar a lo lejos. La hoguera y una tea alumbran la escena.

Escena I

El monje romano, a la lumbre.

Ermitaño
　　　　　　　　¡Qué tormenta nos amaga!
　　　　　　　　¡Qué noche, válgame el cielo!
　　　　　　　　Y esta lumbre se me apaga...
　　　　　　　　¡Si está lloviznando hielo!
　　　　　　　　¡Cuán grande a Dios se concibe
　　　　　　　　en aquesta soledad!
　　　　　　　　¿De quién sino de Él recibe
　　　　　　　　su aliento la tempestad?
　　　　　　　　¿Cuyo es el terrible acento
　　　　　　　　y el fulgor que centellea
　　　　　　　　cuando zumba airado el viento
　　　　　　　　y el cenit relampaguea?
　　　　　　　　¿Quién peñas y árboles hiende
　　　　　　　　con la centella veloz,
　　　　　　　　como segador que tiende
　　　　　　　　las espigas con su hoz?
　　　　　　　　¿Quién sino Dios, que se asienta
　　　　　　　　sobre las nubes sereno
　　　　　　　　cuando en las nubes revienta
　　　　　　　　el fragor del ronco trueno?
　　　　　　　　Señor, que de las alturas

de tu omnipotencia ves
a las pobres criaturas
que se arrastran a tus pies,
detén, Dios bueno, tus iras,
detén tu justo furor,
si justa saña respiras
contra la obra de tu amor.
Pudiste en un punto hacerla,
Y tu inmensa potestad
puede en otro deshacerla
si tal es tu voluntad;
mas considera, Dios mío,
que vas a igualar así
al que se te aparta impío
y al que se postra ante ti.

(Un momento de pausa.)

Mas tanto tardar me extraña,
y estoy temiendo por él...
¿Por qué deja la cabaña
en una tarde tan cruel?
¡Válgame la Virgen Santa!
Si a espesar la lluvia empieza,
¿cómo con segura planta
podrá subir la aspereza
de esa desigual garganta
por do la senda endereza?
¡Infeliz! ¡Cuánto en el mundo
lleva sin duda sufrido;
cuánto es su dolor profundo,
y cuánto está arrepentido!
Mas siento pasos... Parece
(Abre y dice afuera.)   que llega ya. Entrad ligero,

que la tempestad acrece.

Escena II

El Monje y Theudia embozado.

Theudia   Gracias.

Ermitaño   Mas ¿quién se guarece
de esta choza?

Theudia   Un caballero.

(Entra Theudia y se desemboza. Quedan mirándose un momento.)

                    Sorprendido os hais quedado.
                    ¿Qué es lo que tenéis, buen hombre?

Ermitaño   Y ¿no queréis que me asombre
de que hayáis aquí llegado?

Theudia   En verdad que es aprensión
tener, como una cigüeña,
en la punta de esta peña
un hombre su habitación.

Ermitaño   Mis votos me retrajeron
a esta triste soledad.

Theudia   ¡Monje sois! ¡Oh, perdonad
mis palabras si os pudieron
ofender!

Ermitaño   No, en modo alguno.

Acogíme a esta montaña
sin creer que gente extraña
me hallara en tiempo ninguno.

Theudia

Si os estorbo...

Ermitaño (Interrumpiéndole.)

Aparte Dios
tal pensamiento de mí.
Contento os tendré yo aquí
como estéis contento vos.

Theudia

Yo estaré siempre contento,
que mil noches he pasado
peor acondicionado
en mitad del campamento.

Ermitaño

¿Soldado sois?

Theudia

Helo sido,
porque salí de mi tierra.

Ermitaño

¿Os cansaba ya la guerra?

Theudia

No; pero nos han vencido,
merced a infames traidores,
y evito la suerte, huyendo
de vivir esclavo siendo
de mis fieros vencedores.

Ermitaño

Mas huir...

Theudia

Téngase, anciano:
contra ellos se alzó bandera,

y yo voy adondequiera
que la defienda un cristiano.
Pero fatigado estoy;
¿tenéis algo que cenar?

Ermitaño   Fruta seca os puedo dar;
no os regalo.

Theudia   Sobrio soy.

(El Ermitaño le pone delante algunas frutas y una vasija con agua; Theudia come y bebe.)

Ermitaño   Ea, pues, tomad, sentaos.
Dadme la capa, os la cuelgo.

Theudia   Que así me tratéis me huelgo;
mas yo...

Ermitaño   No; vos calentaos,
que bien lo necesitáis.

Theudia   Buen viejo, ¡por Dios que sí!

(El Ermitaño mira a la parte de afuera teniendo abierta la puerta.)

Pero ¿qué hacéis ¡pese a mí!
que esa puerta no cerráis?
¿No veis que empieza a llover,
y el aire no hay quien resista?

Ermitaño   Eso es lo que me contrista.

Theudia   Pues ¿qué nos da que temer?

Ermitaño	Nada; por un compañero siento, en verdad, pesadumbre.
Theudia	¿Fuera está?
Ermitaño	Sí.
Theudia	Ya costumbre tendrá en ese ruin sendero.
Ermitaño	¡Ay, infeliz1 No lo sé. Dios en sus pies ponga tino.
Theudia	Pues ¿no conoce el camino?
Ermitaño	No siempre.
Theudia	Torpe es, a fe.
Ermitaño	Hablad de él con más respeto, que aunque es hoy bien desdichado, hombre es que no fue criado de invectivas para objeto.
Theudia	Perdonad.
Ermitaño	De ello no hablemos; sabedlo, que no es de más.
Theudia	Si es que me juzgáis quizás útil, descender podemos a ayudarle.

Ermitaño	No es preciso, que todo el auxilio humano le fuera ofrecido en vano; mas estamos sobre aviso.

(Va a la puerta otra vez.)

Theudia (Aparte.)	¡Si equivocado me habré y a caer habré venido en la cueva de un bandido! (Veamos.) ¿Buen viejo?

Ermitaño (Volviendo a la escena.)	
	¿Qué?

Theudia	Yo, como soldado, soy algo hablador y curioso. Decidme, pues, si enojoso con mis preguntas no estoy: puesto que es un compañero ese hombre a quien aguardáis, ¿por qué recelando estáis que no dé con el sendero?

Ermitaño	Porque es capaz por sí mismo, si su demencia le apura, de abrirse la sepultura en el fondo de ese abismo.

Theudia	¡Jesús! ¿La mente le falta?

Ermitaño	De lo pasado el recuerdo le pone tan sin acuerdo, que algunas veces le asalta

una fiebre tan cruel,
un delirio tan insano,
que no hallo remedio humano
que pueda acabar con él.
Y aunque, o engañado estoy,
o ningún acceso extraño
le ha acometido hace un año,
me temo que le dé hoy.

Theudia   Y ¿sabe de él la razón?

Ermitaño   Guarda un silencio profundo
de lo que le hizo en el mundo
tan íntima sensación.

Theudia   Picáis mi curiosidad;
de historia debe ser hombre.

Ermitaño   Me ha callado hasta su nombre.

Theudia   Padre, ¿os burláis?

Ermitaño   No, en verdad:
cinco años hace que vino
a demandarme asistencia
en una grave dolencia,
y estuvo a morir vecino.
Mas sanó al fin, y tornar
no quiso al mundo otra vez,
viviendo en esta estrechez
con una vida ejemplar.
¡Oh! Si él su perdón no alcanza
con vida tan penitente;
no sé quién sea el viviente

que de ello tenga esperanza.

Theudia

Mas ¿no decís que está loco?

Ermitaño

Dejóle su enfermedad
extrema debilidad
que hirió su cerebro un poco.
Y cuando en algún acceso
el desdichado no entra,
es un hombre en quien se encuentra
mucho valor, mucho seso;
mas cuando el mal le acomete,
¡oh! entonces es extremado.

Theudia

Pero ¿nunca os ha contado?...

Ermitaño

Jamás; y si se le mete
conversación de su historia,
según que tiembla y se espanta,
parece que se levanta
un espectro en su memoria.

Theudia

¡Es bravo caso, a fe mía,
y que atención me merece!
Y ¿en qué da cuando enloquece?

Ermitaño

En una horrible manía.
Tiene consigo una daga
que jamás del cinto quita,
y dice que está maldita
y que a su existencia amaga.
Y en su demencia al entrar,
exclama con gran pavor:
«Con ese puñal traidor,

con ése, me ha de matar.»

Theudia

¡Raro es, por Dios! Y ¿conviene
con período o día alguno
fijo su mal?

Ermitaño

Hoy es uno;
el más terrible que tiene.

Theudia

¡Hoy!

Ermitaño

Por eso es mi recelo
mayor.

Theudia

¿Sabéis si ese hombre es
de esta tierra?

Ermitaño

¿Portugués?
Creo que no.

Theudia

¡Por el cielo,
que a ser español, podría
su demencia comprender!

Ermitaño

Pero ¿qué tiene que ver
ese mal con este día?

Theudia

¡Hoy es un día de hiel,
de luto, baldón y saña
para la infeliz España!
Y ¡ay de quien fue causa de él!
Mas hablemos de otra cosa.
¿Vos sois portugués?

Ermitaño	Sí soy,
	mas hace once años que estoy
	morando aquí.

Theudia	Y ¿no os acosa
	el deseo de saber
	lo que por el mundo pasa?

Ermitaño	Dióme el dolor tan sin tasa
	y con tal tasa el placer
	ese mundo que mentáis,
	que los días de mis años
	conté en él por desengaños,
	y huyo de él.

Theudia	Y lo acertáis.

Ermitaño	Mas callad... Oigo rumor
	en la maleza. ¿Quién va?

Rodrigo (Dentro.)	Yo, hermano.

Theudia	¿Es él?

Ermitaño	Aquí está.

Escena III

El Ermitaño, Theudia y don Rodrigo, envuelto en una especie de clámide larga y entrando distraído, como meditando.

Ermitaño (A don Rodrigo.)
Me habíais puesto en temor.

Rodrigo	Gracias.
Ermitaño	¿Os perdisteis?
Rodrigo	No.
Ermitaño	¿Visteis el nublado?
Rodrigo	Sí.
Ermitaño	Y ¿dónde ibais?
Rodrigo	¡Qué sé yo!
Ermitaño	Traeréis frío.
Rodrigo	Así así.
Ermitaño	Calentaos, pues.
Rodrigo	Sí haré.

(Al acercarse al fuego ve a Theudia, que escucha vuelto de espaldas a ellos.)

(Aparte al Ermitaño.) Pero ¿quién con vos está?

Ermitaño	Un viajero que poco ha llegó aquí.
Rodrigo	¿Quién es?
Ermitaño	No sé.
Rodrigo	No os fiéis de ningún hombre;

la doblez y la traición
abriga en el corazón
el de más prez y más nombre.

Ermitaño   Mas ved...

Rodrigo   Yo sé lo que digo:
preguntadle el suyo a ése,
y veré, mal que le pese,
si es amigo o enemigo.

Ermitaño   De nosotros, ¿y por qué?
¿A quién jamás ofendimos?

Rodrigo   Todos, padre, delinquimos:
ved de hablarle.

Ermitaño   Sí que haré.

Theudia (Aparte.)   (No me gusta ese misterio
con que platican los dos.
Estaré alerta, ¡por Dios!
que puede ser lance serio.)

(Don Rodrigo va hacia el fuego, y aparta a Theudia para poner su banquillo.)

Rodrigo (A Theudia.)   Haceos, buen hombre, allá.

Theudia   (Pues gasta gran cortesía.)

Ermitaño (Aparte a Theudia.)
                (Quiere ese sitio, es manía.)

Theudia   Bien hace; en su casa está.

(Aparte.)   (Mas ahora que bien le miro,
no es ésta la vez primera
que he visto esa faz severa...
¡Gran Dios! ¡Qué idea!... ¡Eh, deliro!)

(Un espacio de silencio.)

Ermitaño (A Theudia.) Callado estáis.

Theudia   ¡Qué queréis!
¿De qué os tengo yo de hablar?

Ermitaño   ¿Una historia no sabéis
que podernos relatar?

Theudia   Sé tantas, que duraría
mi relato un año entero;
mas hoy mentarlas no quiero,
que es para mí aciago día.

Rodrigo   (Con viveza y aire sombrío.)
También para mí lo es.

Theudia (Idem.) Y para todo español
lo será mientras el Sol
alumbre.

Rodrigo (Agitado.)   Decidme, pues.
¿Con que hoy es un día aciago
para España?

Theudia   ¡Sí, por Dios!
Qué, ¿no ha llegado hasta vos
la noticia de ese estrago?

Ermitaño	(Queriendo interrumpirlo.) En este desierto hundidos...
Rodrigo (Al Ermitaño.) (A Theudia.)	(Interrumpiéndole.) Dejadle, ¡pese a mi estrella! Dejadle que me hable de ella, aunque hiera mis oídos. ¿Habéis en España estado?
Theudia	Bajo su cielo he nacido.
Rodrigo	¡Ay! Nacer os ha cabido en país bien desdichado. ¿Qué pasa hoy en él?
Theudia	¿Qué pasa? Presa es de gente salvaje, a quien rinde vasallaje, y que la asuela y la arrasa. Por dar entrada en su pecho a una venganza de amor, ha abierto un Conde traidor a los moros el Estrecho.
Rodrigo	Obró bien villanamente, sí: ¡tómele Dios en cuenta a su Rey tan torpe afrenta, tan gran traición a su gente!
Theudia	Dicen que audaz le ultrajó en su hija el rey don Rodrigo.
Rodrigo	Mas si era el Rey su enemigo,

| | no lo era su reino, no. |

Theudia	Con moros hizo su flete,
	y hoy hace años que en Jerez
	se ahogó España de una vez
	en el turbio Guadalete.

Rodrigo	Sí, allí lo perdimos todo;
	debajo de su corriente
	yace vergonzosamente
	la gloria del reino godo.
	¡Maldito quien fue concordia
	con los árabes a hacer,
	y maldita la mujer
	ocasión de la discordia!

| Theudia | ¡Sabéis esa historia! |

(Creciendo el interés en ambos.)

| Rodrigo | Sí; |
| | y me prensa el corazón. |

| Theudia | También a mí. |

| Rodrigo | Y con razón. |

| Theudia | Sí, que su víctima fui. |

| Rodrigo | Yo también. |

| Theudia | ¿Sois vos de España? |

Rodrigo (Reservándose de repente y con sequedad.)

No lo sé.

Theudia (Afanoso.)   Vos...

Rodrigo   Basta ya.

Theudia   No, que atenazando está
                     mi memoria idea extraña...
                     Yo en Guadalete me hallé.

Rodrigo   Conmigo.

Theudia   Con vos. ¡Dios mío!
                     Hundirse le vi en el río,
                     y a ayudarle me arrojé;
                     pero ya no le vi más.

Rodrigo   ¡Theudia!

Theudia   (Queriendo arrodillarse.)
                                 ¡Señor!

Rodrigo   Alza, inecio!
                     Del mundo soy ya desprecio.

Theudia   Pero de Theudia, jamás.

Rodrigo   Padre, un escaso momento
                     dejadnos solos.

Ermitaño (A Theudia.)   ¡Por Dios,
                     no le excitéis mucho vos!

Theudia   Descuidad: de su contento

no son excesos extraños,
que somos amigos viejos,
y, de nuestra patria lejos,
nos vemos tras largos años.

(El Ermitaño entra en el interior de la cabaña por la izquierda.)

Escena IV

Don Rodrigo y Theudia.

(Llueve.)

Rodrigo   Háblame de mi España, Theudia amigo;
                 háblame de ella tú, que fuiste el solo
                 en quien traición tan fea no halló abrigo,
                 en quien tu pobre Rey no encontró dolo.
                 Dime, ¿conserva aún el pueblo hispano
                 recuerdo alguno de la antigua gloria?
                 ¿Qué piensa del vencido Soberano?
                 Theudia, ¿qué sitio ocupa en su memoria?

Theudia   No me lo preguntéis.

Rodrigo   ¡Ah! Te comprendo:
                 me culpa solo a mí.

Theudia   Sois el vencido,

Rodrigo   Desengaño es a un rey, duro y tremendo.
                 ¿Conque solo me dan...

Theudia   Mengua ú olvido.
                 Mas basta ya, que vuestro afán entiendo.

Y ¿cómo os hallo aquí?

Rodrigo   Triste es mi historia,
                        Theudia.

Theudia   Y la mía.

Rodrigo   Y yo, ¿cómo te hallo?

Theudia   Huyendo de los moros.

Rodrigo   ¿La victoria
                        llevan?

Theudia   Ya es nuestro pueblo su vasallo.

Rodrigo   ¡Tierra infeliz!
                              Sí, a fe. Toda la ocupan
                        esos infieles ya.

Rodrigo   ¿Ya nada resta?

Theudia   Un rincón en Asturias, do se agrupan
                        los que escaparon de la lid funesta.

Rodrigo   Pero ¿podrán allí...

Theudia   No pueden nada,
                        por más que, de ira y de venganza rayo,
                        levantó su pendón con alma osada
                        vuestro valiente primo don Pelayo.

Rodrigo   ¿Y mis nobles con él?

Theudia	No, no hay ninguno.
Rodrigo	¡Ninguno dices!
Theudia	Perecieron todos a manos de los moros uno a uno.
Rodrigo	¿Qué resta, pues, de los ilustres godos?
Theudia	Vos y yo nada más; porque no cuento al que con vil traición nos ha vendido.
Rodrigo	¿Aun vive don Julián?
Theudia	Para escarmiento de los que a sus contrarios han servido.
Rodrigo	¡Vive! Y ¿qué es ora de él?
Theudia	En una torre estuvo largo tiempo, mas con maña huyó de allí... Su estrella le socorre.
Rodrigo	Sí, sí; mi estrella, tan fatal a España. ¡Ay, bien mi corazón me lo decía: su estrella marcha con la estrella mía!
Theudia	¿Qué es lo que habláis, señor?
Rodrigo	Es mi secreto. (No para ti, de mi amistad objeto.) Es agüero fatal que a fin terrible de mi existencia el término ha sujeto.

30

Theudia	¡Y en agüeros creéis! Es imposible.
Rodrigo	Theudia, son los destinos celestiales inmutables, y es justo su castigo para los que han causado tantos males en la tierra, cual yo.
Theudia	Soñáis os digo. El noble osado que su suerte afronta, hace cejar a su enemiga suerte, o halla tranquilidad segura y pronta en el reposo de gloriosa muerte. Eso es superstición.
Rodrigo	Yo ya sabía que el insensato mundo, miedo o superstición lo llamaría. ¡Mas iay! que es la verdad!
Theudia	Y a ese villano...
Rodrigo	El cielo, de los godos enemigo, para que acabe al fin, guarda su mano, con todos de una vez dando conmigo.
Theudia	¡Ay, si yo doy con él! En la frontera le perdí.
Rodrigo	¿Le seguíais?
Theudia	Desde el día que vi frente a las nuestras su bandera, vengar de ello juré a la patria mía. Y de soldado suyo disfrazado,

de aventurero ya, ya de mendigo,
fui su sombra doquier, doquier he estado
de él en acecho, y la traición conmigo.
Mas un poder oculto le defiende;
jamás en ocasión hallarme pude.

Rodrigo   En vano, sí, tu lealtad pretende
que el cielo en ello vengador te ayude.

Theudia   ¡Ay si me vuelvo a ver sobre su huella!
¡Ay si algún día mi furor le alcanza!
No ha de valerle contra mí su estrella.
Será, como él, traidora mi venganza.

Rodrigo   No, Theudia, es imposible... Inútil brío.
Oye, y ésta conserva en tu memoria,
página triste de mi triste historia.
Al salir de las aguas de aquel río
do me vistes caer sin la victoria,
y en cuya agua se hundió cuanto fue mío,
abandoné el caballo y la armadura,
cambié con un pastor mi vestidura,
y con todo el pesar del vencimiento
despechado me entré por la espesura,
cual de esperanzas ya, falto de aliento.
¡Cuánto, Theudia, sufrí! Triste, perdido,
de mi reino crucé por las llanuras,
en hambre y soledad, como un bandido
que huyendo de la ley camina a oscuras.
Era la hora en que la luz se hundía
tras las montañas, y la niebla densa
por todo el ancho de la selva umbría
iba tendiendo su cortina inmensa.
Con el cansancio y el temor y el duelo,

fiebre traidora me abrasaba ardiente,
sin ver dónde acudir en aquel suelo
en que nunca tal vez habitó gente.
Cuanto con más esfuerzos avanzaba
viendo si al llano por doquier salía,
más la selva a mis pasos se cerraba,
más en la negra oscuridad me hundía.
Un vértigo infernal apoderóse
de mi alma..., y sin luz y, sin camino,
a mi exaltada mente presentóse
toda la realidad de mi destino.
Rey sin vasallos, sin amigos hombre,
en mi raza extinguido el reino godo,
sin esperanza, sin honor, sin nombre,
perdido, Theudia, para siempre todo.
¡Cuán odioso me vi! Despavorido,
a pedir empecé con grandes voces
auxilio en el desierto; mas perdido
fue mi acento en las ráfagas veloces
a expirar en los senos del espacio...,
y a impulso entonces del furor interno,
maldiciendo mi estirpe y mi palacio,
con sacrílega voz llamé al infierno.

Theudia   ¡Cielos!

Rodrigo   Y él me acudió; sulfúrea lumbre,
rauda encendió relámpago brillante,
y en mi pecho siniestra incertidumbre.
Sentí algo junto a mí; miré un instante,
y a la sulfúrea, luz, monje sombrío
a mi lado pasó, y a su presencia
tembló mi corazón, cedió mi brío.
Pedíle amparo, mas fatal sentencia

me fulminó, diciendo: «¡Vaya, impío,
que el a quien deshonró tu incontinencia
vendrá, de crimen y vergüenza lleno,
con tu mismo puñal a hendir tu seno»
Dijo, y por entre la niebla arrebatado
huyó el fantasma y me dejó aterrado.

Theudia   Sueño vuestro, fantasma peregrino
        fue de la calentura abrasadora.

Rodrigo   No, Theudia; voz de mi fatal destino.
        Mientras ese hombre esté sobre la tierra,
        Theudia, no hay para mí paz ni reposo;
        doquiera el paso sin piedad me cierra
        ese espectro, a mi raza peligroso.
        ¿Ves el puñal que cuelga a mi cintura?
        Con él me ha de matar, es mi destino;
        Theudia, no hay tierra para mí segura;
        ese hombre ha de bajar por mi camino.

Theudia   ¡Y eso creéis!... Calládselo a la gente,
        y toleradme en paz esta franqueza.
        Mas vuestra vida austera y penitente
        amenguó de vuestra alma la grandeza,
        y amenguó la razón de vuestra mente.

Rodrigo   Tiene en mi corazón sacro prestigio,
        Theudia, te lo confieso, y me amedrenta
        aquella predicción y aquel prodigio.

Theudia   ¡Prodigio lo llamáis! Y ¿no os afrenta
        tan vil superstición?

Rodrigo   Sea en buen hora,

mas creo en ella; a ser fascinadora
de la mente aprensión, despareciera
con el tiempo; el ayuno y el cilicio,
arrancado a la mente se la hubiera.

Theudia

La arrancara mejor trompa guerrera
y de la lid revuelta el ejercicio.
Eso cumple mejor a vuestra raza;
en vez de esta cabaña y ese sayo,
la blanca tienda y la ferrada maza,
y el bruto cordobés, hijo del rayo.
Sí; mientras viva Theudia y por amigo
queráis tenerle, con bizarro alarde
os dirá, de la paz siempre enemigo,
que el noble que no lidia es un cobarde.

Rodrigo

¡Traidor!

Theudia

        ¡Hola! Vuestra alma se despierta
a la voz del honor; así os quería:
veo que aun vuestra sangre no está muerta
y alienta el corazón con hidalguía.
Escuchadme, señor, y ved despacio
el peso y la razón de lo que os digo,
que es mengua, sí, que quien nació en palacio
aguarde con pavor a su enemigo.
Perdido estáis, sin esperanza alguna;
no hay para vos ni fuerza ni derecho;
no hay para vos ni gente ni fortuna;
el moro vuestro ejército ha deshecho,
y atropelló a la cruz la media Luna;
mas hay un corazón en vuestro pecho
que a vuestro antiguo honor cuentas demande,
y un corazón de rey debe ser grande.

Si a las manos morir es vuestro sino
de ese Conde traidor que nos vendiera,
la mitad evitadle del camino,
tras él saliendo con audacia fiera.
Provocad con valor vuestro destino;
con él trabaos en la lid postrera,
y arrostrad ese sino que os espanta,
vuestro puñal hundiendo en su garganta.
Ya no tenéis ni ejércitos ni enseñas,
mas os resta un amigo y un vasallo,
y las lunas del mundo no son dueñas,
ni es de la suerte irrevocable el fallo.
Dejad, pues, el misterio de estas breñas;
asíos de una lanza y un caballo,
y con caballo y lanza, y yo escudero,
si no podéis ser rey, sed caballero.

Rodrigo   Basta, Theudia; ese bélico lenguaje
cumplo a los corazones bien nacidos,
y en el mío despiertan el coraje
de tus fieras palabras los sonidos.
Sangre me pide mi sangriento ultraje,
sangre mis tercios en Jerez vencidos,
Theudia, tienes razón; de cualquier modo,
morir me cumple cual monarca godo.
Sí; ya a mi olfato y mis oídos siento
que trae el aura que las riendas mece,
el militar olor del campamento
y el clamor de la lid que se embravece,
y del clarín agudo el limpio acento
que a los nobles caballos estremece;
y esa guerrera y bárbara armonía,
la prez me torna de la estirpe mía.
Indigna es de un monarca y de un guerrero

esta debilidad que me avergüenza;
de mi superstición reírme quiero;
no quiero, Theudia, que el pavor me venza.

Theudia   Dos sendas hay, y por cualquiera os sigo:
               buscar al Conde y perecer vengado,
               o guareceros del pendón amigo
               y acabar con honor como soldado.

Rodrigo   Cumple eso más al corazón que abrigo:
               Theudia, olvidémonos de lo pasado,
               y en la desgracia, de rencor ajenos,
               bajemos a la tumba de los buenos.
               Este arma vil que a mi existencia amaga,
               quédese aquí despúes de mi partida,

(Clava el puñal en el poste que sostiene la choza.)

               y quede en este tronco, con mi daga,
               enclavado el misterio de mi vida.
               ¿Dices que ha levantado en la montaña
               pendón un noble, de venganza rayo?
               Pues bien: ¿qué hacemos en la tierra extraña?
               ¡Lejos de mí mi penitente sayo!
               Vamos, Theudia, a lidiar por nuestra España
               y a triunfar o caer con don Pelayo;
               no diga nunca el mundo venidero
               que ni supe ser rey, ni caballero.

Theudia   ¡Ahora os conozco, vive Dios!

Rodrigo   Mañana
               partiremos a Asturias.

Theudia	Franco paso nos dará el Portugal que nos dio asilo.
Rodrigo	Hasta mañana, pues; duerme tranquilo. Duerme, Theudia.
Theudia	¡Señor, velando acaso vais a quedar mi sueño!
Rodrigo	Desde ahora, no hay de los dos segundo ni primero.
Theudia	Señor...
Rodrigo	Déjame solo hasta la aurora; pues no soy más que un pobre aventurero, seré, en vez de tu rey, tu compañero.

(Vase Theudia al aposento contiguo de la izquierda.)

Escena V

Don Rodrigo	Bien dice ese leal. Más vale al cabo caer en una lid por causa extraña, que, de servil superstición esclavo, llorar imbécil la perdida España. Saldré otra vez al agitado mundo con mi contraria suerte por herencia, velando en el misterio más profundo el secreto fatal de mi existencia. Nada soy, nada tengo, nada espero; encerrado desde hoy en mi armadura, seré en mi propia causa aventurero, sin esperar jamás prez ni ventura.

Mas al caer lidiando en la campaña,
al pueblo diga mi sangrienta huella:
«Ved: si no supo defender a España,
supo a lo menos sucumbir por ella.»
Mas, ¡ay, triste de mí! Mi pueblo mismo,
que me tiene en horror, con frío encono
me verá descender hacia el abismo
como me ha visto descender del trono.
Sí; aplaudiendo tal vez mi sino adverso...
Y todo es obra tuya, Conde infame;
por ti desprecio soy del universo.
Fuerza es que sangre nuestra se derrame.

(Viendo el puñal.) Mas, Dios Santo, ¡ahí estás! Húyeme, aparta,
sueño fascinador, que esquivo en vano;
nunca de sangre de los godos harta,
esta daga fatal busca una mano.
La de uno de ambos..., tigre vengativo,
ser exterminador de mi familia;
uno solo de entrambos quede vivo,
veamos el infierno a quién auxilia,
Mi razón, mi creencia, lo repele,
mas nunca echar de mí puedo esta idea;
ese día fatal ¡oh infierno! impele;
tráenosla de una vez, y pronto sea.
Vértigo horrible el corazón me acosa,
sed de su sangre el corazón me irrita...
¡O huye por siempre, pesadilla odiosa,
o ante mis ojos ven, sombra precita!

(Ábrese la puerta con ímpetu, y al par que ilumina el fondo un relámpago, entra en la escena el conde don Julián.)

Escena VI

Don Rodrigo y el Conde

Conde	Gracias al diablo que llegué a la cumbre.
Rodrigo	¿Quién es? ¿Dó va? ¿Qué busca? ¿Quién le trae?
Conde	¡Rápido preguntar! Mas si es costumbre, oíd: Un hombre, a Portugal, y lumbre para secarme del turbión que cae. ¿Hay más que preguntar?
Rodrigo	Mal humor gasta.
Conde	Lo mismo que pregunta le respondo. ¿Tiene algo que cenar?
Rodrigo	Nada.
Conde	Pues basta. La cuestión, por mi parte, ha dado fondo.

(Se sienta con calma a la lumbre.)

Rodrigo	Desatento venís donde os alojan.
Conde	Pues sin brindarme vos yo me aparezco, y esos nublados hasta aquí me arrojan, ni vos me la ofrecéis, ni os la agradezco.
Rodrigo	Me obliga, por mi fe, la cortesía, mas no soy hombre que a sufrir me avenga razones de tamaña altanería.
Conde	Tampoco yo, que despechado vengo

y harto estoy de la vida.

Rodrigo   Y yo lo mismo.

Conde   Yo, tras la muerte con deseo insano,
               debo partir mañana muy temprano.

Rodrigo   Y yo también.

Conde   Y ¿adónde?

Rodrigo   A España

Conde   De ella
               vengo.

Rodrigo   ¿Sois de ella?

Conde   Por desdicha mía.

Rodrigo   Cúpome a mí también tan mala estrella.

Conde   Que la mía peor nunca, sería.

Rodrigo   Puede que sí.

Conde   Lo dudo.

Rodrigo   Allí he perdido
               cuanto amé.

Conde   Yo también.

Rodrigo   Padres, hermanos...

Conde	Yo también.
Rodrigo	Mis amigos me han vendido.
Conde	También a mí.
Rodrigo	Fui mofa a los villanos.
Conde	También yo.
Rodrigo	Y el honor de mis blasones ultrajó un hombre vil.
Conde	Y otro los míos.
Rodrigo	Yo he tenido que huir.
Conde	Como ladrones nos desbandamos, sin poder ni bríos, mis soldados y yo. Todos ingratos me han sido a mí.
Rodrigo	Y a mí todos traidores.
Conde	Nada espero.
Rodrigo	Ni yo. Mas pienso a ratos en venganzas horribles.
Conde	No mayores que las mías serán.
Rodrigo	¡Oh! Sí; son tales,

que vértigos terribles me producen.

Conde	Los míos a la rabia son iguales.
Rodrigo	Y los míos a España me conducen nada más que a morir.
Conde	Y a mí lo mismo; vengo a buscar un hombre a quien detesto, y ante uno de los dos se abre el abismo.
Rodrigo	Yo busco a otro hombre para mí funesto, y guardo ese puñal de mi familia, que del uno es el fin de todos modos.

(El Conde lo mira y lo reconoce. Esto depende de los actores.)

Conde	¿Es tuyo ese puñal?
Rodrigo	Sí.
Conde	¡Dios me auxilia! Ese hierro es la muerte de los godos.
Rodrigo	Godo soy.
Conde	Yo también, mas su enemigo.
Rodrigo	¿Quién hará de ello ante mi vista alarde?
Conde	¡Tú eres el torpe Rey...
Rodrigo	¡Tú el vil cobarde...!

Conde	Yo el conde don Julián.
Rodrigo	Yo don Rodrigo.

(Quedan un momento contemplándose.)

Conde	Nos hallamos al fin.
Rodrigo	Sí, nos hallamos; y ambos a dos execración del mundo, la última vez mirándonos estamos.
Conde	Eso apetece mi rencor profundo. Mírame bien; sobre esta faz, Rodrigo, echaron un baldón tus liviandades, y el universo de él será testigo, y tu torpeza horror de las edades.
Rodrigo	Culpa fue de mi amor la culpa mía; de Florinda me abona la hermosura; mas ¿quién te abonará tu villanía?
Conde	De mi misma traición la desventura. Deshonrado por ti, perdílo todo; mas no saciaba mi venganza fiera tu afrenta nada más; menester era toda la afrenta del imperio godo.
Rodrigo	¡De un traidor como tú, fue digna hazaña! Cumplieras con tus viles intenciones yendo a matarme con silencio y maña, o contra mí sacaras tus pendones y bebieras mi sangre en la campaña, mi corazón echando a tus legiones;

mas no lograras con tan necio encono
vender a España por hollar mi trono.

Conde   Todo lo ansiaba mi tremenda saña;
no hartaba mis sangrientas intenciones
beber tu sangre con silencio y maña
o en contra tuya levantar pendones;
dar quise tu lugar a estirpe extraña,
y tu raza borrar de las naciones;
eso quería mi sangriento encono:
vender tu reino y derribar tu trono.

Rodrigo   ¡Y lo lograste!

Conde   Sí; logré que, al cabo,
el mundo a ambos a dos nos aborrezca:
a ti, de torpes vicios por esclavo,
y a mí por mi traición, nos escarnezca.

Rodrigo   ¡Tanta maldad de comprender no acabo!

Conde   Hice más.

Rodrigo   Imposible es ya que crezca
tu infamia.

Conde   Escucha, pues, ¡oh rey Rodrigo!
a cuánto llega mi rencor contigo.
Yo solo quedo de mi raza: presa
los demás de los moros, a pedradas
fue muerta ante mis ojos la Condesa,
y a la mar arrojados a lanzadas
mis hijos, de Tarifa en la sorpresa;
mas te traigo una nueva, que pagadas

me deja todas las desdichas mías:
¡supe, tiempo ha, que en Portugal vivías!

Rodrigo   ¡Dios!

Conde   Por un monje que te halló en la selva.

Rodrigo (Con temor.) ¡Un monje!

Conde   Sí, mi hermano, cuyos votos
le impiden hoy que contra ti se vuelva,
mas cuya astucia, para siempre rotos
los anillos dejó de mis cadenas
para seguir tus pasos noche y día,
y para que la sangre de tus venas
la mancha lave de la afrenta mía.

Rodrigo   Y ¿es cierto? Y ese monje, ¿era tu hermano?
¿Era un hombre no más? ¡No era un fantasma!
¿Nada había en su ser de sobrehumano?

Conde   ¡Que tal preguntes, en verdad me pasma!
Él me salvó, y me dijo: «Ve a buscarle;
mas antes de matarle,
dile que su castísima Egilona
con su amor ha comprado otra corona.»

Rodrigo   ¡Mi esposa!

Conde   Sí; Abdalasis te la quita,
o, por mejor decir, vendiósele ella.
Y bien la raza en que nació acredita,
y de su esposo bien sigue la huella.
(Con mofa)   Una reina cristiana, favorita

46

de un árabe... ¡Oh! ¡Nació con brava estrella!
No penes, pues, por tan leal matrona,
que esposo no la falta, ni corona.

Rodrigo   Basta, basta, traidor; la estirpe goda
deshonrada por ti, por ti vendida,
clama sedienta por tu sangre toda.

(Don Rodrigo va a coger el puñal que está clavado en el poste, pero el conde don Julián se adelanta y lo toma. Don Rodrigo retrocede dos pasos con supersticioso temor.)

Conde   Con la tuya a la par sea vertida.
El mismo cieno nuestro timbre enloda,
la misma tumba nos dará cabida.

(El conde se arroja sobre don Rodrigo, mas Theudia se presenta de repente entre los dos con el hacha de armas empuñada.)

Escena VII

Don Rodrigo, el conde don Julián, Theudia y el Ermitaño

Theudia   ¡Mientes! Aun queda quien su honor repare
y del traidor al infeliz separe.

(Da al Conde un golpe mortal, y cae.)

Rodrigo   ¡Theudia!

Theudia   Señor, cumplí conmigo mismo,
que al vengaros, a vos vengué a la España.

Rodrigo   ¡Gracias, Theudia! Hoy me arranca tu heroísmo

mi ruin superstición, a un noble extraña.
Sí, mi pavor con él baje al abismo;
partamos con Pelayo a la montaña
y logremos, ¡oh Theudia! por lo menos,
morir en nuestra patria como buenos.

(Al Ermitaño.)

¡Padre, dad a ese tronco sepultura
donde repose en paz; mi justo encono
no pasa, no, de su mansión oscura,
aunque el honor de España esté en mi abono
Yo vuelvo al campo, a la pelea dura,
y aunque muera sin huestes y sin trono,
siempre ha de ser, para quien muere honrado,
tumba de rey la fosa del soldado.

(Vase con Theudia y cae el telón.)

Libros a la carta

A la carta es un servicio especializado para
empresas,
librerías,
bibliotecas,
editoriales
y centros de enseñanza;
y permite confeccionar libros que, por su formato y concepción, sirven a los propósitos más específicos de estas instituciones.

Las empresas nos encargan ediciones personalizadas para marketing editorial o para regalos institucionales. Y los interesados solicitan, a título personal, ediciones antiguas, o no disponibles en el mercado; y las acompañan con notas y comentarios críticos.

Las ediciones tienen como apoyo un libro de estilo con todo tipo de referencias sobre los criterios de tratamiento tipográfico aplicados a nuestros libros que puede ser consultado en Linkgua-ediciones.com.

Linkgua edita por encargo diferentes versiones de una misma obra con distintos tratamientos ortotipográficos (actualizaciones de carácter divulgativo de un clásico, o versiones estrictamente fieles a la edición original de referencia).

Este servicio de ediciones a la carta le permitirá, si usted se dedica a la enseñanza, tener una forma de hacer pública su interpretación de un texto y, sobre una versión digitalizada «base», usted podrá introducir interpretaciones del texto fuente. Es un tópico que los profesores denuncien en clase los desmanes de una edición, o vayan comentando errores de interpretación de un texto y esta es una solución útil a esa necesidad del mundo académico.

Asimismo publicamos de manera sistemática, en un mismo catálogo, tesis doctorales y actas de congresos académicos, que son distribuidas a través de nuestra Web.

El servicio de «libros a la carta» funciona de dos formas.

1. Tenemos un fondo de libros digitalizados que usted puede personalizar en tiradas de al menos cinco ejemplares. Estas personalizaciones pueden ser de todo tipo: añadir notas de clase para uso de un grupo de estudiantes, introducir logos corporativos para uso con fines de marketing empresarial, etc. etc.

2. Buscamos libros descatalogados de otras editoriales y los reeditamos en tiradas cortas a petición de un cliente.

www.ingramcontent.com/pod-product-compliance
Lightning Source LLC
Chambersburg PA
CBHW032102040426

42449CB00007B/1157